Meine ersten 270 Wörter auf

Mit Zeichnungen von Johannes Kolz

Ich glaube, es geht los

WAS MAN SO MACHT

schnigge
schneiden

schänge
schimpfen

jonn
gehen

prumeneere
spazieren

einem jet blose
ablehnen

pusseeren
liebkosen

afjeläv
verliebt

scharmeere
bezaubern

bütze
küssen

Bejingbützje
förmlicher Kuss

anbälke
anschreien

afluchse
freundlich entwenden

de Muul voll Zäng han
sprachlos sein

hierode
heiraten

esu
so, also

schwaade
schwätzen

Verzäll
Geschwätz

luure
gucken, schauen

verdrieht
übelgelaunt

explizeere
erklären

ZU HAUSE

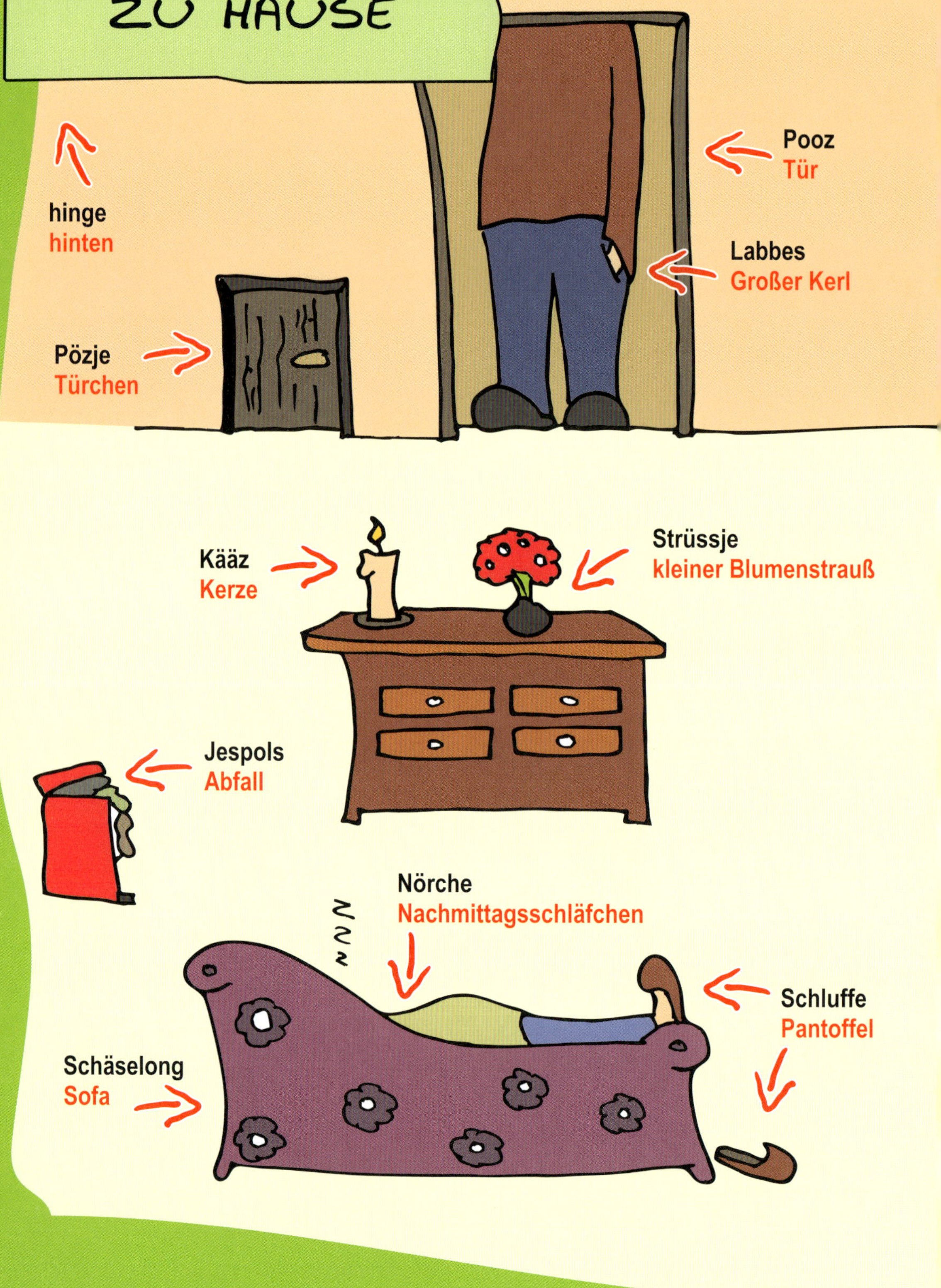

hinge
hinten

Pooz
Tür

Labbes
Großer Kerl

Pözje
Türchen

Kääz
Kerze

Strüssje
kleiner Blumenstrauß

Jespols
Abfall

Nörche
Nachmittagsschläfchen

Schluffe
Pantoffel

Schäselong
Sofa

IN DER KÜCHE

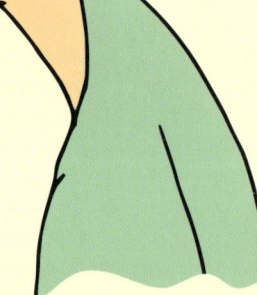

Öllich
Zwiebel

Blömcheskaffee
Dünner Kaffee

Jeknooschs
knorpeliges Fleisch

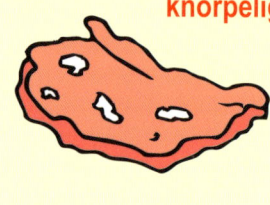

bah
pfui, eklig

Hämmche
Eisbein

Brodpann
Bratpfanne

Ürzjer
Überreste

Jebött
Innerei

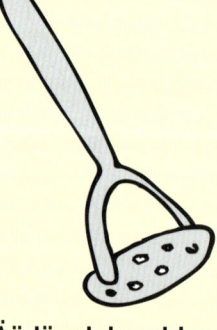

Brut
Brot

Äädäpelsknedder
Kartoffelstampfer

Kressdaachsjebäck
Weihnachtsgebäck

Äädäpelsrief
Kartoffelreibe

Lampettekump
Waschwasserschüssel

Enjemahts
Eingemachtes

Rievkoche
Reibekuchen

Himmel un Ääd
Kartoffelpüree, Äpfel, Blutwurst

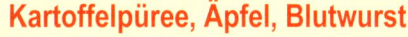 **Flönz**
Blutwurst

Ähzezupp
Erbsensuppe

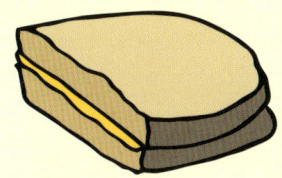

Botteramm
Butterbrot

Kies
Käse

Äädäppelschloot
Kartoffelsalat

Halve Hahn
Roggenbrötchen
mit Käse

Fleutekies
Quark

schläsch
verdorben

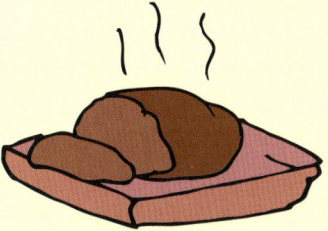

Soorbrode
Sauerbraten

Taat
Torte, Kuchen

IN DER KNEIPE

Kaschämm
Spelunke

Fleesch
Fliege

Fläsch
Flasche

hück
heute

dür
teuer

HÜCK: KÖLSCH 3,-

möffich
modrig

Kamelle
Bonbons

Schabau
Schnaps

Klävbotz
Gast, der nicht
gehen will

Weet
Wirt

Kuraasch
Mut

bammelich
erschöpft

Ferkeserei
Sauerei

en Angel krijje
eine Ohrfeige bekommen
... in naher Zukunft ...

REDEWENDUNGEN

ANNA, MING DROPPE!
Ausruf der Verzweiflung

LECK MICH EN DE TÄSCH!
Ausdruck des Erstaunens

DÄ
bitte sehr

LEEVER RICH UN JESUND ALS ÄRM UN KRANK
Lieber reich und gesund als arm und krank

DO BESS NOCH NIT AN SCHMITZ BACKES VERBEI
Freu dich nicht zu früh

JEDEM DIERCHE SING PLÄSIERCHE
Jedem Tierchen sein Pläsierchen

DÄ HÄT EN ÄHZ AM WANDERE
Er steht ein wenig neben sich

BEIM ARZT

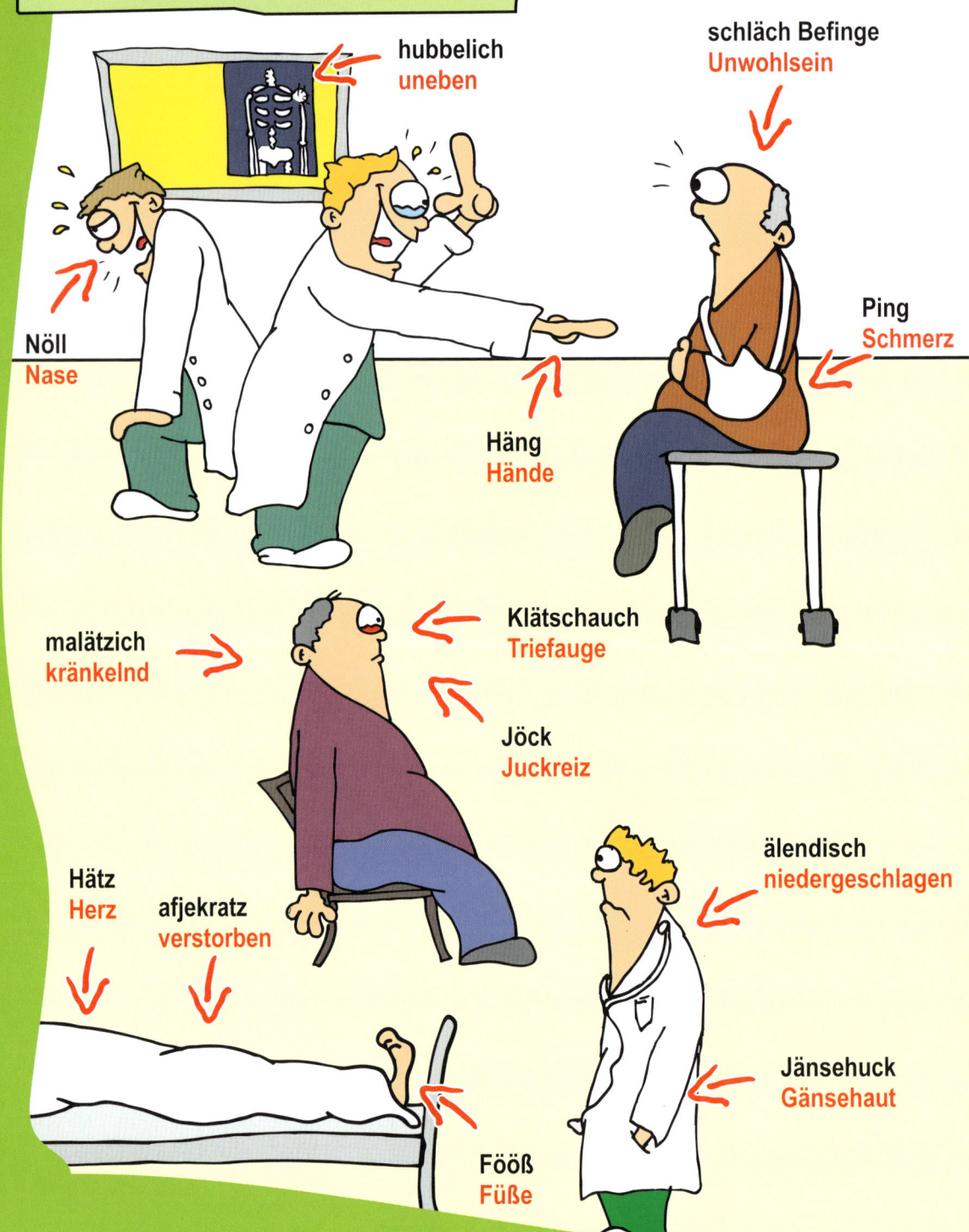

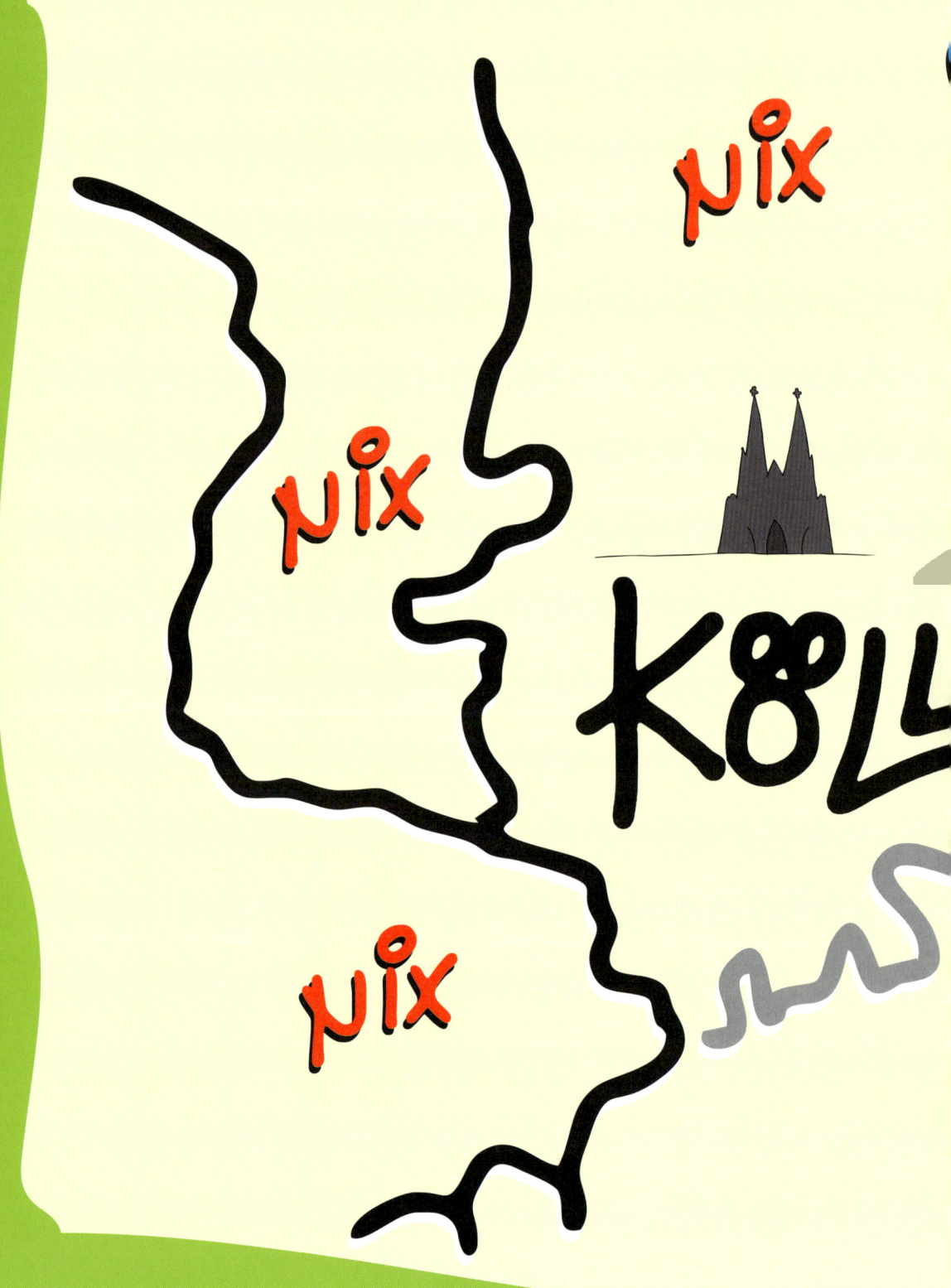

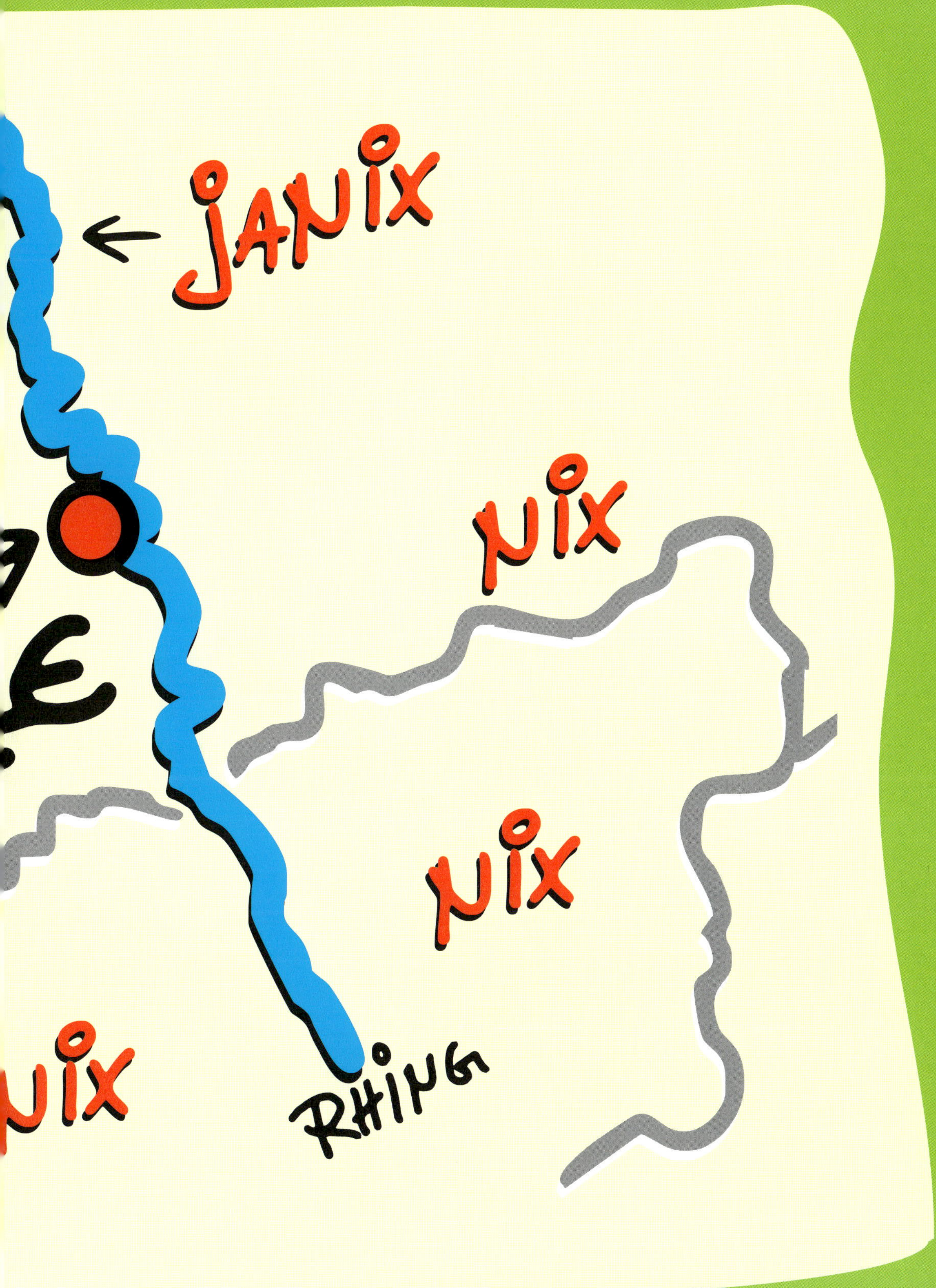
JANIX
NIX
NIX
NIX
RHING

§6 KENNE MER NIT, BRUCHE MER NIT, FOTT DOMET
Seid kritisch bei Neuerungen

§7 WAT WELLSTE MAACHE?
Füge dich in dein Schicksal

§8 MACH ET JOT ÄVVER NIT ZE OFF
Achte auf deine Gesundheit

§9 WAT SOLL DÄ QUATSCH?
Stelle immer erst die Universalfrage

§10 DRINKSTE ENE MET?
Komme dem Gebot der Gastfreundschaft nach

§11 DO LAACHSTE DECH KAPOTT
Bewahre dir eine gesunde Einstellung zum Humor

EINIGE WÖRTER

Äädäppelschloot – Kartoffelsalat

Aapejeseech – eingebildeter Mensch

Ääpelsknedder – Kartoffelstampfer

Abtrett – Toilette

Ädäpelsrief – Kartoffelreibe

afbimsche – verprügeln

afjekratz – verstorben

afjeläv – verliebt

afluchse – freundlich entwenden

ähnz – ernst

Ähnz – Ernst

Ähz – Erbse

Ähzezupp – Erbsensuppe

alaaf – ein Hoch auf

älendisch – niedergeschlagen

all beienein – alle zusammen

anbälke – anschreien

ärm – arm

Äujelcheskess – Fernseher

Avekateschnüss – Rechtsanwalt

ävver – aber

Baas – Chef, Meister

Babaditzje – Säugling

Bäbbche – Barbara

Backes – Bäckerei

bah – pfui, eklig

Bajasch – alle

Balbutz – Friseur

Balch – Kind

bammelich – erschöpft

Bangbotz – Feigling

Bangeschesser – Angsthase

Bap – Vater

Beddelskäl – Bettler

Beddelskrom – Plunder

bejabbelt – verkatert

Bejing – Nonne

Bejingbützje – förmlicher Kuss

bes – bis

bess – bist

Bess – Großmutter

Bestevader – Großvater

Bien – Biene

bläck – nackt

Blömcheskaffee – dünner Kaffee

Blomm – Blume

Boddem – Boden

Botteramm – Butterbrot

Botz – Hose

bovven – oben

Broder – Bruder

Brodpann – Bratpfanne

Brut – Brot

Bubbelazius – Schwätzer

Büggel – hinterhältiger Mensch

Büggelschnigger – Wucherer

bütze – küssen

Dä – bitte sehr

danze – tanzen

Däts – Kopf

Däukar – Schubkarre

Desch – Tisch

Deuvel – Teufel

Dierche – Tierchen

Dillendopp – Hyperaktiver

Dochterschmann – Schwiegersohn

Dölmes – ungeschickte Person

Dönndress – Durchfall

Driss – Mist

Drohtböösch – streitsüchtige Frau

Droppe – Tropfen

drüsch – trocken

Dubbeditzje – kleiner Junge

Dume – Daumen

dür – teuer

Düsseldorfer – Düsseldorfer

Duv – Taube

Eierprumm – gelbe Pflaume

einem jet blose – ablehnen

en Angel krijje – eine Ohrfeige bekommen

Enjemahts – Eingemachtes

esu – so, also

explizeere – erklären

Färv – Farbe

Ferkeserei – Sauerei

Fierovend – Feierabend

fiese Möpp – widerlicher Mensch

finge – finden

Fläsch – Flasche

Fleesch – Fliege

Fleutekies – Quark

Flönz – Blutwurst

Flümmcher – erster Bartwuchs

Fööß – Füße

Fott – Po

fott – weg

Hääd – Tierherde

Häd – Herd

Halve Hahn – Roggenbrötchen mit Käse

Hämmche – Eisbein

Hanak – Gauner, Schlingel, Schelm

Häng – Hände

Hätz – Herz

helau – AUF GAR KEINEN FALL!!

hierode – heiraten

Himmel un Äd – Püree, Äpfel, Blutwurst

hinge – hinten

Höppekraat – Frosch

hubbelich – uneben

hück – heute

Huddeler – nachlässige Person

huh – hoch

huseere – hausieren

Huusdrache – Ehefrau

Jadezung – Gartenzaun

janix – gar nichts

Jänsehuck – Gänsehaut

Jebött – Innerei

Jeck – Verrückter, Dummer, Tolpatsch ...

jeck Öllig – verrückte Frau

Jeknooschs – knorpeliges Fleisch

Jeseech – Gesicht

Jespols – Abfall
jesund – gesund
Jöck – Juckreiz
jonn – gehen
Jööz – weinerliche Person
Juffer – böswillige, ältere Frau

Kääz – Kerze
Kabänes – Freund
Kackhüsje – Klohaus
Kallendresser – Schmutzfink
Kamelle – Bonbons
Kaschämm – Spelunke
Keesche – Kirschen
Kies – Käse
Klaafmuul – Lästermaul
Klätschauch – Triefauge
Klävbotz – Gast, der nicht gehen will
knaatsche – weinen
Kning – Kaninchen
Köbes – Kellner zu Köln
Kölle – Köln
Kölsch – Nationalgetränk
Kopping – Kopfschmerzen
Kressdaachsjebäck – Weihnachtsgebäck
Kuraasch – Mut

Labbes – großer Kerl
Lamäng – die Hand (*fr.* „la main")
Lampettekump – Waschwasserschüssel
Lappekess – Bett
leddich – leer

leever – lieber
Löres – langsam denkender Mensch
Lück – Leute
luure – gucken, schauen

Maggeler – Schwarzhändler
malätzich – kränkelnd
Mamm – Mutter
ming – meine
modersillichallein – ganz alleine
möffich – modrig
Möhn – Tante
Möpp – Hund
Mösch – Spatz
Muul – Maul

nix – nichts
Nohber – Nachbar
Nohkicksel – Lexikon
Nöll – Nase
Nörche – Nachmittagsschläfchen
Nüggel – Schnuller

Ohm – Onkel
Öl – Aal
Öllich – Zwiebel
Ooß – Ochse, Dummkopf
Ottekolong – 4711
ovends – abends

Päädsdeck – Toupet
Pappnas – Dummchen

Pellendresser – Apotheker

Pilarenbützer – Scheinheiliger

Ping – Schmerz

Pittermännche – 10-Liter-Fass Kölsch

Plümo – Bettdecke

Plüschprumm – Pfirsich

pö a pö – eins nach dem anderen

Pooz – Tür

Pözje – Türchen

prumeneere – spazieren

pusseeren – liebkosen

rääts – rechts

Rän – Regen

Retz – Angsthase

Rhing – Rhein

rich – reich

Rievkoche – Reibekuchen

Schabau – Schnaps

schäl Sick – falsche Rheinseite

schäle Miebes – Tollpatsch

schälen Hungk – schlechter Mensch

schänge – schimpfen

scharmeere – bezaubern

Scharschant – Polizist

Schäselong – Sofa

Schesser – Feigling

schläch Befinge – Unwohlsein

schläsch – verdorben

Schluffe – Pantoffel

schnigge – schneiden

Schnüss – Mund

schwaade – schwätzen

Schwiejermo –- Schwiegermutter

Seckom – Ameise

Sod – Straßenabfluss

Soorbrode – Sauerbraten

Söster – Schwester

Spreuz – Spritze

Strüssje – kleiner Blumenstrauß

Suffül – Trunkenbold

Taat – Torte, Kuchen

Täsch – Tasche

Trottewar – Bürgersteig

Tünnes – gutmütiger, einfältiger Mensch

Ül – Eule

Ürzjer – Überreste

Veedel – Stadtteil

verdrieht – übelgelaunt

versoffe Bölzje – Trinker

Verzäll – Geschwätz

Vijelant – Spitzel

Visitt – Besuch

Vuel – Vogel

Wäsp – Wespe

Weet – Wirt

Wing – Wein

Zäng – Zähne

Zantping – Zahnschmerzen

Zick – Zeit

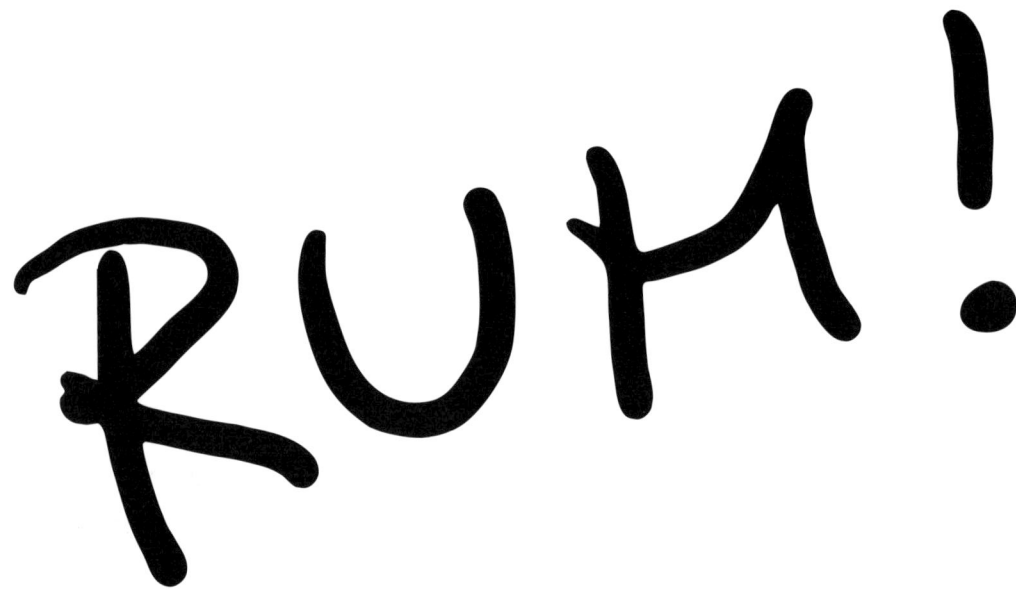

Penguin Random House Verlagsgruppe FSC® N001967

4. Auflage
© 2013 by Anaconda Verlag, einem Unternehmen der
Penguin Random House Verlagsgruppe GmbH,
Neumarkter Straße 28, 81673 München
produktsicherheit@penguinrandomhouse.de
(Vorstehende Angaben sind zugleich Pflichtinformationen nach GPSR.)

Illustration: Johannes Kolz
Umschlaggestaltung: studio schriftlich, Tawern
Satz: alles-trier.de
Druck und Bindung: Alföldi Nyomda Zrt., Debrecen
Printed in Hungary
ISBN 978-3-7306-0056-6
www.anacondaverlag.de